JN436393

낙동강문학 시인선 ⑥

당그레에 꽃이 피다

안미자 시집

홍익출판사

自序

오래전
접시꽃 당신, 시집에 실린 시를 감상했다.
그 접시에는 새순이 돋았고 꽃이 피었고
바스락거리는 낙엽소리가 들렸고
얼음의 울음소리도 들었다.

나는 당그레에 꽃을 피웠다.
그 꽃들
열매가 맺기를 기대해 본다.

2012년 봄
안 미 자

제 1 부

제 2 부

제 3 부

제 4 부

제 1 부

고사목

설악산 중턱에
아프리카의 기아들이
빈 뱃속을 들어내 보이며 서 있다
줄자로 허리둘레를 잴 이유도 없고
병원보다 먹을거리가 더 가까운 사람들과
집보다 하늘나라가 더 가까운 사람들이
허공에 기대고 섰다
진달래꽃을 따 먹고
상수리열매를 따 먹는 사람들로 수두룩하다
매지구름조차도 멀리 있어
잡아당겨 소낙비로 내리게 할 수 없다
돌개바람만 스쳐 지나갈 뿐이다
열매를 맺을 수 없는
하반신에
까마귀떼, 하이에나처럼 덤벼든다

바다에도 산실이 있다

고래와 내가 산후조리중이다
퉁퉁 부은 몸으로
거친 파도를 헤치며 항해를 한다
암초에 부딪혀 피를 흘리고
해삼과 해파리 불가사리를 잡아먹고
갯바위에서 몸을 말리면
잠시, 곤한 낮잠에 빠진다
지독한 비린내를 풍기며
흐르는 오로는
돌아가야 할 길을 기억한다
미역숲속에서 쉼 없이
미역을 따 먹은 고래와 나는
젖가슴이 탱탱하고
자궁이 수축되었다
뱃속에 미역을 가득 채우고
산더미 같은 파도를 타고 돌아오자
모유가 뭉게구름처럼 떠다니고
오로도 멈췄다

신발에도 번지가 있다

트래킹의 번지는 산길이다
장화의 번지는 비가 쏟아지는 진흙길이고
부츠의 번지는 눈이 뽀드득거리는 발자국이다
구두의 번지는 또닥또닥 소리이고
운동화의 번지는 넓은 운동장이다
실내화의 번지는 포근하고
낡은 신발의 번지는 재개발 지역이고
새 신발의 번지는 뉴타운이다
보조가방을 어깨에 메고
하얀 운동화를 신고 누볐던 시절의
신발 사이즈는 225㎜이었고
212는 주민등록번호의 첫자리이고
고향집의 번지는 255이다
번지처럼 엉긴
모세혈관, 반도체 칩과도 같다

마디

아침마다 마디를 챙기러 간다
호박도 마디에 열렸고
오이도 마디에 열렸고
가지와 수박도 마디에 열렸다
고구마는 땅속에서 마디에 뿌리를 내렸고
구름은 하늘의 마디에 걸렸다가
비와 눈 이슬이 되어 지상에 내려온다
산소는 공중의 마디에 떴다가
누구든지 아니 모든 것들에게 후후 불어준다
나는 요즘
나의 마디인 이모를 잃어가고 있다
이모는 산소를 마시기가 무척 힘겨워한다
이모는 내 양쪽 어깨의 마디만 될 뿐이 아니고
팔꿈치 마디이기도 하다
텃밭에서 마디에 열린 열매를 따려 하자
내 마디인 이모가 떨어질 것 같아
그냥 그대로 두었다

원동역을 지나면서

완행열차를 타고
유년시절을 찾아 떠나던 날
벚꽃이 출렁이고 매화꽃이 출렁이고
아지랑이가 아롱거렸다
낙동강 강물에 떠있는 돛단배를
원동역이 저으며 가고 있었다
강물의 심장박동소리를 물안개가 퍼 올리고 있는데
물새는 잠깐 외출중인 듯 했다
은행나무와 이팝나무가 어우러지고
담쟁이 넝쿨사이에 떨어진 감꽃이 방그레 웃으며
반겼다
강아지풀과 구절초 질경이도 정겨웠다
커피의 맛에 길들러진 나는
들릴 듯 말 듯한
기적소리에서 추억을 통째로 끄집어내어
열차의 창문에 비췄다. 어느새
간이역이 덜컹거리면서
다가올 이정표를 향해
파노라마처럼 돌아가고 있었다

꽃들의 말

경칩을 보내고

찔레꽃의 연한 줄기가
짤막한 가시를 세우며 말을 했다

진달래는 화사한 말을 하고
울타리 너머의
개나리는 샛노란 거짓말을 엿듣는다고 했다

탱자나무가 억센 가시를 꼿꼿이 세우자
아카시아 꽃은
알싸한 향기를 쏟아낸다고
과시를 했다

금목서가 구월에 빠질 때
은목서 잎은 말을 까칠하게 했다
빈 뜰에 향기를 가득 채웠다고,

꽃잎들의 말은
광대처럼 거칠었다

적조

바다가 폐암을 앓고 있다
불그레한 덩어리를 케케한 냄새가 덮었다
붉은 덩어리,
황토링거를 뿌려주자
슬슬 숨어버린다
아니 쫓겨난다
햇살에서 뽑아낸 방사선을 쏘이자
바다는 입술이 갈라 터지고
토악질을 한다

태풍으로 대수술을 받은 덩어리
서서히 숨을 쉰다

5월과 7월 사이에 와서
10월과 11월에 떠난다

누드가 된 뿌리

한바탕 지진이 파헤친 언덕에
아시아와 유럽 아프리카인들의 미라가 엉켜있었다
가지런히 누운 것과 엎드린 것들 속에
유난히 빛나는 눈동자와 균형 잡힌
육체미가 한눈에 들었다
나뭇가지 사이로 비취는 햇빛이
내장을 뜯어내고
찢어진 연골은 새순으로 붙이고
칡넝쿨로 신경을 연결시켰다
머릿속에는 계곡물을 흐르게 하고
잎새를 찧어 풀물을 얼굴에 주입시켰다
탱글탱글했다
표현되지 않는 희로애락에
어리둥절했다

물에도 세포가 있다

그늘진 곳이란 늘 그렇다
바위가 머금은 습기를
이끼가 제 몸에 파란 물을 먹이고 있다
이끼가 꽃을 피우지 못하는 이유는
기생을 하기 때문일 것이고
열매를 맺지 못하는 것은
햇빛과 동침을 하지 못하기 때문이다
습기는 이끼의 젖이므로
양이 점점 줄어들면
매지구름을 내려 당길 것이다
축축한 것만 사랑한 이끼
때론 펑펑하게 늘어진 안개를
부여잡고 싶을 때도 있을 것이다
바람이 쓸쓸히 지나가듯

화백 전혁림

붓대 하나를 잡고 항구에 왔다
캔버스에 청색을 뿌릴 때마다
배 몇 척이 부화를 했다
접시에서 물고기가 부화하고
모란도 부화를 했다
물감에 손톱이 구부러지고
손등이 터져도
그는 오방색을 마구 뿌렸다
바다가 한눈에 드는
화실 벽에
청색나비가 날고 있다

그는 청색나팔꽃물로
그의 항구를 덧칠했다

소쿠리 섬

파푸아뉴기니 섬이 떠있다
소쿠리 섬에
식인조개와 청자바다달팽이가
일억 만 년 전에 살았던
원시부족과
대형조개의 입속에 숨어서 밀항을 해왔다
장신구로 치장을 하고 목관악기를 불었다
아스마트족인 식인종은
야자나무로 나무총을 만들었고
조개껍데기로 돌도끼와 돌칼을 다듬었다
출산을 기다리는
고래화석 방에
성게는 조명을 밝혔다
공룡 알 화석에
백일홍이 몽글몽글 피었다

싸리나무소쿠리에 담긴
내가 이방인이었다

소유하다

갯밭 한 뙈기를 상속으로 물려받아
뻘구멍을 후벼 팠다
파면 팔수록 갯밭이 넓어지겠다 싶어
호미로 파고 망태기를 질질 끌자
근육이 땡글땡글 올랐다
갈기를 세운 호미를 내려놓고
새끼줄을 풀어놓고
저승꽃이 핀 동백나무에 달아 붙은 참매미처럼
낮잠을 붙이는데
갯물이 빠져나간다고 기별이 왔다
곤두박질 걸음으로 뛰어갔더니
달랑게가 물수제비를 타고 있었다
출렁거리는 파도를 타고
해파리를 건져 올려
입속에 넣고 씹었더니
톡톡 쏘는 해파리, 이윽고 내 소유가 되었다

백내장

눈에 하얀 꽃이 피었다고 한다
안개꽃인가 봐요 라고 말하자
의사는 맞아요 맞아요 했다 모처럼 웃음보가 터졌다
안개꽃이 아니고
안개를 벗긴다고
하얀 거짓말을 하는 진료실의 풍경이 가관이다
수술대에 손이 묶이고
다리도 묶이고
긴장된 심장도 꽁꽁 묶었지만
정신은 맑은 안과처럼 맑았다
눈만 크게 뜨세요, 수술 잘되어가요
수술시간 대충 잡아 10분
안대 붙인 시간 4시간
안대 걷어내자 안개가 사라졌다
4시간 10분이면 환할 것을,
맑은 안과
내 맑은 시야이다

내한공연

철새들이 내한공연 중이다
늪의 가장자리에 노을빛이 비추일 때
은빛갈대와 코스모스 들국화와
바람에 날리는 꽃잎들은
발레리나가 된다

새털구름처럼 날아든 철새는
목소리를 다듬느라 분주하고
하얀 깃털을 가다듬은
왜가리는
자진모리와 중모리를 뜯는다

왕 버들에 걸터앉아
트럼펫을 부는 황소개구리와
드럼을 치는 장구아비의 장단에
일억 사천만 폭의
수채화를 연출하는
우포늪은 예술 공연장이다

가야기행

토기를 만져보았다
해바라기가 활짝 핀 해안선을 걷는데
연홍빛 피부와 두 가닥으로 땋은 머리에
꽃핀을 꼽고
꽃시계와 꽃반지를 낀
내 소녀시절이
선착장에서 기다리고 있었다
한참을 걷다보니
고인돌 앞에 솟대가 기러기를 이고 서 있었고
항아리와 요강 칼 숫돌이 널브러져 있었다
반듯하게 누운 그가
호박꽃 같은 나를 쳐다보더니
안개 자욱한 조개무지에 가자고 했다
쓰레기더미의 가마에서 불꽃이 활활 피었고
갯벌을 통째로 머금은 조개, 껍데기로 토해내고 있었다
멧돼지와 사슴들은 뼈만 남겨두고 떠났고
개나리는 휘휘적 늘어지며 피고 있었다
폭풍우로 도로가 침수되었고
둥글게 말리는 낙엽
고상지붕의 고드름은 숨을 몰아쉬고 있었다
해와 달의 교차시간은 여전했다

타임머신

필리핀의 라구나 - 히든벨리 공원

원시림이었다
나뭇잎온천에 짧은 바지 하나만 걸친 채
풍덩 뛰어들어
펄떡펄떡 거리며 놀자
온천수도 원시인인 줄 알고
물의 온도를 맞추었다

풀꽃을 머리에 꽂고
벌과 나비를 불러 모아
열매를 따 먹고
야자수를 꿀컥꿀컥 들이키며
산새소리를 들었다

진달래꽃잎 따먹었던 시절이 그리웠다

원시인, 나는 행복했었다

성형전문가

소나무를 탁탁 파서 집을 짓는
딱따구리와
키보드를 톡톡 두드려 항해를 하는 나는
짝수와 홀수를 짜깁기해서 A4 용지를 채운다
오타는 송진으로 땜질한다
딱따구리의 주둥이는 조각칼이고
엄지와 검지는 독수리의 주둥이다
딱따구리와 나는
성형전문가이다

악기

복숭아나무가지들이 스스로 가지치기를 했다
소리들이 부러지면서 흩어졌다
뼈마디에 옹골찬 바람이 드나들자
연골이 터지면서
관절이 어긋나 삐걱거렸다
반쯤 걸린 햇살에
휘어지는 나뭇가지가
봄을 끌어당긴다
살구나무도
꽃망울을 터뜨리는 소리를 한다

관절도
소리를 자꾸자꾸 낸다
때론, 몸도 악기가 된다

거가대교

해풍을 맞으며
세 여자가 부둥켜안고 있다
웃는지 우는지
어떤 이는 선녀라고 하고
어떤 이는 용왕의 공주라고 했다
분명치 않지만 나는
나의 전생이라고 우겼다

새해 첫날

수평선 너머의
해오름이 말했다

거가대교를 포옹하는
거센 파도와
거센 바람일 것이라고

붕대

붕대를 풀었다
고물상에 버려진
악기처럼 소리가 나지 않았다
발효가 되어 꾸덕꾸덕하다
아랫도리의 냄새를 맡고
오장육부의 간을 보고 얼굴의 표정을 살펴보고
뼈의 소리를 감지했다
붕대의 연대기를 두고
발굴자들은 의견이 분분하다
부분 부분에 필름을 파노라마로 돌렸지만
끝내 흙은 입을 열지 않았다
돌멩이에 덕지덕지 붙은 검버섯도 입을 열지 않았다
누구인지 알 수 없는 사실에
붕대를 다시 감았다
깊이 묻었다. 타임캡슐처럼

제 2 부

식탁

홈쇼핑에 클릭을 한다
레시피가 뜬다
양식과 중식 일식 베트남의 쌀국수도 인기가 있지만
김치와 나물 생선 과일에 클릭을 한다
스테이크에 클릭을 하고
청국장에도 클릭을 한다
야자나무 그늘에서
알레스카에서 잡아 온 연어를 굽고
커피의 향기를 맡으면서
아마존의 악어를 잡는다
히말라야의 최고봉에 떠다니는 구름을 만져보고
증권회사에 잠입해서 주식거래도 한다
달나라에 메일을 보낸다
노트북카페에 모여앉아 스테이크에 칼질을 한다
거푸 종알거리는 스마트폰
지구를 헤집는다
지구본, 하나 식탁에 앉아본다

백합꽃, 떨어지다

뒤척이다가, 잠깐 잠든 사이에
아버지 이승에 잠시 다녀가셨다고 했다
시무룩한 표정이
방사선과 약물치료 받을 때 모습
그대로였다고 했다
생전에 아주 호탕하셨는데
저승에서도 방사선과 약물치료 치료 중인지
물어보려고 망설이는데
고모를 데리러 오셨다고 했다. 그래서
고모, 아버지 얼굴이 보기 싫었다고 했다
저승사자의 신분으로
고모를 이송하러 오셨다는 아버지
냉정하셨다고 했다
하늘나라로 떠나기가
무척 싫은 고모
이미, 하늘나라의 문턱에
발을 한 발자국 올릴 무렵이었다고 했다
백합꽃이 떨어졌다, 봄날에

태안반도

검은 악마 때문에
뇌경색 수술을 받는다
숨소리가 깔딱거리는 꼴뚜기와 꽃게는
허파수술을 받고
갯벌은 피부이식수술을 받는다
성질 급한 전어와 멸치는 수술을 받기도 전에
심근발작으로 반신불수가 되었다
간경화로 복수가 찬 복어,
플랑크톤은 녹아버렸다

구급차가 재빠르다
태안반도에는

악어가죽

해부를 했다
가죽을 벗겨 가공을 했다
디자인을 했다
얼룩소 가죽 가방 속에
악어 한 마리를 넣고 천년백화점에 갔다
매복 중에 만났던 누우떼를
반가워 할 수 없는 눈치였다
끓어오르는 열 속에서의
기억을 더듬는 것 같았다

웅크린 악어는
호랑이와 가젤도 만나고
양떼와 도마뱀도 만났지만
마라강이 아니라서
움츠리고 있다
천년백화점, 정글이다

❖ 마라강은 아프리카 케냐의 강

찜질을 하다

햇빛에 달구어진
진흙탕에서 코끼리가 찜질을 하는 건지
머드팩을 하는 건지, 뒹군다
부스럼이 떨어져나가는 건지
벌레들이 쫓겨나는 건지
뿔을 휘휘 젓고 꼬리를 툭툭 친다
코끼리는 확 트인 진흙탕에서
풀피리와 새소리 들으며
머드팩을 하고
나는 움막에서
땀 냄새에 찌들면서 황토팩을 한다
보아뱀은 보아나무에서
똬리를 틀면서 나무껍질 팩을 한다
아프리카, 적도에서 찜질을 한다

빵을 뜯어먹다

황소개구리는 버드나무숲에서
울음으로 개울을 장악하고
피라미는 물모기를 잡아먹으려고 수면 위로
혀를 내민다
시장기가 도는 모양이다
빵가루와 비스킷가루를 뿌려주자
고소한 맛과 단맛을 맛본 피라미
내 손짓 따라 몰려와
손가락을 빵처럼 뜯어먹고
발가락도 빵처럼 뜯어 먹는다
피라미, 황소개구리의 빵이다
다리에 엉긴 실핏줄
거머리의 빵이다

어머니, 나의 빵이었다

현장

동네이야기들을 가득 채웠던
흙 담장이
허물어질 기미가 보인다
앵두가 익고
찔레향기를 품고
밀 익는 냄새를 가두었던 흙 담장에
소슬바람은
추억이 넘나드는 길을 안다
담쟁이는 손바닥으로 구멍을 꽉 붙잡고
탱자나무도 꽃을 피울까 말까 망설이고
채송화도 씨앗을 터뜨려 볼까말까 망설인다
풀꽃을 밟으며 불도저가 걸어온다
흙 담장에 갇혔던
은밀한 비밀
유배지로 떠났다
나도 유배지로 떠날 채비를 서두른다

은행나무

구린내를 품어내는
어머니의 시간이
얼마 남지 않은 것 같아
노심초사 중이다

아주 깊은 곳에서 흘러내리는
어머니의 마지막 구린내를
은행나무 밑동에 묻어두기로 했다

가을이면
어머니가 은행나무에 달릴 것 같아서
오랫동안,

어머니의 구린내
그리움이다

다랭이마을

층층대를 이루는 논을 유채꽃이
노란 물을 먹이고 있다
하늘에 걸쳐진 구름다리 아래 구름다리 하나 더
걸쳐져 있고 슬레이트 지붕에 핀 무궁화는
사계절 내내 꽃잎이 떨어지지 않는 꽃이다
암놈 바위는 중천에 떠있는 수놈 바위를
꽉 붙잡고 산통을 참아내려고
파도소리를 갈기갈기 찢고 있다
수평선이 보이는 저 먼 바다에
허리를 굽실거리며 두 손을 모으는 나는,
하늘의 영을 못들은 척하고
바람을 살짝살짝 피우는
수놈 바위와 정을 통할 이유는 없지만
수놈 한 놈 갖고 싶은 욕심에 만지고 또
만지작거렸다
바다가 모래알을 파먹는 시간
모래에 떨어진
이슬방울 하나를 집어 들었다
그 이슬
수놈이었으면 좋겠다

저울에 관하여

마음은 추다
아침에서 저녁까지 눈금이 오르내린다
수시로 변덕을 부린다
잠이 들면 평행선에 머물다가
꿈을 꾸면 머리 속에서 움직이는 추,
그 추, 어느 눈금에 섰는지 나도 모른다
행복 추는 어느 눈금에서 설까
슬픔의 추는 몇 눈금에 설까
뒤틀린 인생의 추는 얼마나 무거울까
뭉게구름 같고
깃털 같은 눈금이기를 바라지만
코끼리만큼 무거울 때도 있다

진달래꽃을 눈금에 올려놓고
배롱나무꽃을 눈금에 올려놓고
코스모스의 허리를 눈금에 올려놓아도
추는 멈추지 않는다
균형과 불균형이 마주한다

뉴타운

개미가 아파트를 지었다
타워 형으로 쌓아올려 방향이 각각 다르다
무겁고 큰 짐은
날카로운 이빨로 나눠서 물고
항문을 따라 허공에 놓인 사다리를 타고
고층으로 올라간다
멀리 바라보이는 뚝섬은
강바람에 싸였지만
여운조차도 남기지 않고 떠난 기차의 기적소리
그리움으로 팽팽하다
산개미가 빌리지를 지었다
아카시아 꽃잎을 머리에 꽂고
발가락 사이사이에 풀물이 들도록 헤매면서
산의 눈금이 높아질 때마다
바람소리를 경청한다
눈망울이 상수리열매처럼 초롱초롱하다
딱따구리가 나무둥치 파는 소리에 놀라고
뱁새둥지에 알을 낳고 떠나는
뻐꾸기의 얄미움에 놀라고
꾀꼬리의 노래 소리에는 즐거워한다
개미도 사회적 동물이다

바닷가의 폐교

어머나, 깜짝 놀랐어요
무이파 태풍이
비바람을 몰고 와
운동장이 한바탕 시끄러웠어요
시간을 알려주던 종소리가
담장에 끼여
헛구역질하는 소리가 안쓰럽게 들렸어요
다 떠나고
텅 빈 교실의 칠판에
급훈의 행간도 어긋나 있고요
복사꽃과 매화꽃잎은 이미 다 지고
채송화와 봉선화 나팔꽃들이
담장아래서 시끄럽게 조잘대고 있었어요
채벌소리처럼 들리던 파도소리가
무인도로 변해버렸어요
불가사리와 우뭇가사리만
바짝 마른 몸으로
폐교를 지키고 있었어요. 나도,
나만의 폐교를 지킬 뿐이어요

텃밭

나는 임대사업가로 변신을 했다

잿빛 고요로 저물어가는
겨울에는 양파에게 전세로 내어주고
봄부터 가을까지는 월세를 받는다
문간방은 오이에게 받고
작은방은 상추에게 받고
뒷방은 방울토마토에게 받는다
아침과 해질녘에만 쓰는 안방은 농기구들로 가득하다
달팽이가 구멍을 낸 배춧잎은
한지문과 같아서
아침마다 보초를 서야 될 지경이다
때론 애벌레를 거느린 어미에게 사약을 뿌릴 때도 있다
그럴 땐 나도 어미인데 라고 얼굴을 붉히면서 뿌린다
옥탑 방에는
새와 고추잠자리들이 서로 주인이라고 우겨서 받지
못한다
무당벌레에게는 오히려 성과금을 준다
살금살금 주워 먹힐 진딧물이
내 엄지와 검지에게 처형을 당하지 않아도 되고

한여름 낮 소나기에게 세금을 내지 않아도 되기
때문이다
아주까리 잎으로 둘러친 울타리에서
더덕향기와 배추흰나비가
부부처럼 살아간다

영덕대게

나는 다리가 뻣뻣해요
목이 긴 기린과 코가 긴 코끼리와
트라이앵글이지요
모래 속에 숨을 때에는 다리를 사다리처럼 접고
거품으로 뚜껑을 열었다 닫았다 하지요
알을 밴 새우나 오징어가 나타나면 오물오물
입맛을 다시다가
긴 다리를 쭉 펴서 낚아채요
밍크고래가 출현하면 겁을 잔뜩 먹고
어두컴컴한 갯바위 속으로 숨어버려요
쫄깃한 다리살의 맛을 보게 되면
바다에서 완전히 전멸될 테니까요
긴 다리를 기둥으로 세우고
껍질을 덮어서 지붕이 곡선인 집도 짓지요
딱딱하고 얇은 껍질 속으로
파란 물빛이 환하게 비추이면
식구들과 출렁거리며 살았던 집이 그리워져요
바다가 내뱉는 파도에서
산호가 꽃을 피우는 소리도 들려요
마치, 해당화연립에서 새어나오는 소리 같아요

국립결핵요양원

어머니는 나를 데리고
결핵요양원으로 가는 길이었다
검정고무신이 갯벌을 밀며 갔고
앞서가는 갈매기의 발자국과
소라게의 발자국 같았다
고래처럼 떠있는
돌섬은 무학산의 절경을 포옹하고
고목이 된 벚꽃나무는
고열과 가래 기침을 토해내던
나를 기억했다
진료기록부에 쓰인 희미한 병명은
화석으로 굳어있었다
그때는, 나의 백악기였다

탁본

바위에 핀 이끼에서
일대기를 감지했다
새까맣게 핀 꽃에는 뿌리가 있고
흐릿하게 핀 꽃에도 낙엽이 있다
갈색으로 핀 꽃, 그 꽃은 열매이다
꽃봉오리가 톡톡 튀면서 피어오르는 꽃
근친상간 하는 꽃이다
잔뿌리를 보송보송 내리며
꽃대에 달린 꽃망울
그 꽃망울, 옮겨
액자에 넣었더니
꽉 찼다
도란도란 이야기를 주고받는다
깔깔거린다
꽃망울의
일대기를 탁본했다

오르는 것도 추락한다

파란 숫자다
전광판에 빨간 숫자가 오르고
내림을 반복하다가
깊은 협곡에 추락했다
실족이다
빈 깡통이 되었다
빈 것이란
절망스럽고 무서운 것
허우적거리다가
거대한 동물의 먹이가 되기도 하고
큰 바위에 묶이기도 한다
동아줄을 타고 오르는 경우는 가끔 있다

저기, 크레인에 뜬 보름달
추락할까봐 두렵다

땅속의 여자

고인돌을 들쳐 내려고
땅을 후비는데
자잘한 돌이 이빨처럼 박혀있고
그녀의 남편이 반듯이 누워있었다

그들을 온통 감싼 집착의 뿌리, 그들이 지나온
파랑 같은 세월을 꽉 붙잡고 있었고
굵은 손가락 마디가 뜨개질한듯했다

남편은 어부였는지
폐선에 홍합의 혀들이 덕지덕지 붙어있었다
무남독녀였던 딸은 천연두를 앓았는지
돌에 곰보자국이 박혀있었다
그녀도 출산 중이었는지 자궁에서 오로가 흘러
비린내가 코를 찔렀다

그 자리에 민들레 씨앗을 심었더니
노랑 꽃 머리띠를 한 그녀가
실눈으로 미소를 살짝 지었다

밑그림

감나무는 기대어 살기를 거부하지 않는다
기대는 힘이 강해질 때마다
꽃이 총총 핀다
풋감은 햇빛을 빨아 당겨
제 몸에 황금색 물을 들인다
가을이 홍시를 파먹자
홍시는 터지며 나무속으로 들어가
떡갈나무 기둥하나
떠받치지 않아도
밑그림을 둥글게 그린다
속결이 부드러운 나이테
사립문 사이로 햇살이 드나들 때
돌담장에
감나무가 걸터앉는다

잠언

입술이 올라가고 내려오는 것은
기쁨과 슬픔의 엇갈림으로 삐뚜름하다
달팽이관이 삐뚜름하면
온 천지가 빙글빙글 돌고
내장이 삐뚜름하게 달려있는 것을
거울의 반사로 보았다
엉덩이는 눈에 띄지 않을 만큼 삐뚜름하고
뒤꿈치가 삐뚜름히 닳은 것은
왼쪽이 갸우뚱하기 때문이다
샛별의 반짝거림에
낮과 밤이 삐뚜름하게 교차하지 싶다
안경다리의 높이가
5센티미터로 삐뚜름한 이유는
기우러진 어깨를 보고서야 알았다
동쪽에서 뜬 해가
서쪽으로 기우는 것은
낙동강물의 소리를 듣고 알았다

제 3 부

정형외과 병동

철사로 다리를 칭칭 감은
분재가 많다
팔은 오른쪽과 왼쪽으로 휘어 감겼다
손목은 위로 올려 감겼고
손가락은 가느다란 철사로 휘어 감겼다
발가락은 정면으로 감겼고
발목의 아킬레스는 탄탄하게 감겼다
굵은 철사로 목을 고정시켰고
하지정맥류는 수술을 받았다
둥글게 굽은 등에
링거를 매달았다
나뭇가지에 돋는 잎사귀
햇빛 쪽으로 모여
반짝거린다

운주사

나란히 누운 와불이
귀엣말을 하기에 곁에 누워 엿들었다
천불천탑의 비밀을 털어놓았지만
제대로 알아듣지 못하는 나에게
표지판에 쓰인 깨알 같은 글자를
까치가 또박또박 읽어주었다

낮달도 알아듣지를 못했는지
달맞이꽃 씨앗이 또박또박 읽어주는 것을 엿들었다
눈을 비비며 서 있는 나는
석탑이 피워낸 연꽃에
운주사가
다소곳이 앉았다는 것밖에 알 수가 없었다

천지에 널린 불상 앞에서
터무니없는 약속만 남기고 돌아섰다
가을날 단풍잎 타고 오겠다고,
나풀거리는 호랑나비도
나와 같았다

현재진행형

계곡이 물을 걸러낸다
나무들이 참았던 쉬를 누나보다
나무도 몸속에
콩팥과 방광을 갖고 있나보다
소나기가 뿌린 흙탕물을 뿌리가 빨아올렸다가
쉬하고 내뿜는 소리가
자잘한 돌멩이 사이사이를 빠져나와
풀잎에 걸러지고
꽃잎에 걸러져
아래로 흘러가는 물의 길이 된다
산의 몸속과 나무의 몸속
내시경으로 지긋이 보았다
봄이 발아를 하고
잎새들이 일렁이고
가을이 떠내려간다
깡마른 것만 남아
겨울의 품속으로 가고 있다

언덕

언덕하나를 눈에 담았다
하루에 몇 차례 올랐다가 내려오는 언덕이다
높은 언덕에서는
피를 흘린 동백꽃 잎처럼 얼굴이 창백해진다
빨간색인지 무채색인지
힘이 거세지면서 확 밀어 올린다
손으로 끌어내릴 수 없기에
풀잎으로 내려당겨 보고
꽃대궁으로 툭툭 쳐 본다
나무도 태풍을 맞아 물관이 터지면 쓰러지듯,
갑작스레 올라가면
붙잡을 겨를이 없다

피 한 방울 눈금에 올려본다

착근着根

멀리서 온 고무나무는
멀미를 했는지 기진맥진했다
따라온 흙을 털어내고
마사 토에 심었다
오므리는 잎사귀에 물을 뿌려주었지만
잎사귀가 누렇게 변하면서 떨어졌다
토양 탓인지
기온 탓인지
물갈이를 해서인지
새순이 돋지를 못했다
따라온 흙을 털어낸 것이 화근이었다
비닐을 씌워
양지바른 곳에 심었다
탱글탱글 물이 오르면서 잎사귀가 반질거렸다
고향을 서서히 잊으면서
적응하는 눈치였다

지난 시집살이가 고됐던 것도
보송보송한 잔뿌리가
내릴 때까지의
적응기간이 필요했기 때문이었다

분식회계

솔잎으로 탈모를 가리고
숯으로 눈썹을 그리고
눈가에 아이사도우를 칠한다
검버섯은 파운데이션으로 감추고
홍매화꽃물을 입술에 바르고
봉숭아꽃물로 볼터치를 화사하게 한다
말 꾸미기를 한다
짝퉁으로 포장을 하고
메이컵을 진하게 하고
스마트폰으로 엿보기를 한다

비경

화산에 타다 남은 기암괴석이
장작냄새를 풍긴다
향나무와 후박나무 동백나무는
코끼리바위에 꽂혀있고
송곳바위에 머무는 물안개
우산 꽃을 꺾어 갈매기의 꼬리에 꽂아준다
돌멩이를 끌어안은
너도밤나무에
하늘이 눈꽃을 숱술 뿌리자
실없이 깔깔거리는 도요새와 나는
너와집 용마루에서 길동무가 된다
술파랭이 꽃술에 취한
밍크고래와
장군바위, 쪽빛에 떠있고
나도 울릉도에 떠있다

장작냄새, 비경이다

가시가 곤두서다

고슴도치가 제 몸을 곤두세울 때마다
산이 진저리를 친다
성게의 가시가 설 때
놀란 바다, 태풍매미의 목젖을 세웠다
선인장이 가시를 꼿꼿이 세울 때
모래가 열꽃을 피웠다
고양이가 눈에 가시를 세우고
봉숭아의 보푸라기가 꼿꼿하게 서면
가을이 가까이 오고 있다
탱자가시가 새벽을 꼭꼭 찌르면
나팔꽃이 놀라 눈을 뜬다

심장에 꽂힌 붉은 가시를 사랑하기로 했다
분홍 꽃잎을 피우기 위해서

소문, 떠들썩하다

울고 싶다고 했다. 홍합이

엉기고 엉긴 갯바위에서

연애질 한다는 소문에

성희롱을 당했다는 소문에

강간을 당했다는 소문에

동성연애를 했다는 소문에

근친상간을 했다는 소문에

트랜스잰더라고 놀림을 당했다는 소문에

나는 깔깔깔 웃었다

시끌시끌하고 촘촘한 곳은 소문이 무성하다
틈과 틈사이로
흑장미 꽃이
무리지어 피었다는 소문도

그녀

숲속에 병동과 요양원이 있다
얇은 옷과 수의를 걸친 사람들이
시들어가는 안개꽃 모습으로
앉거나 엎드려있다

죽음하나 떠나갈 때마다
침묵이 흐르고
초조해 했다

산수유 꽃잎처럼
떨어질까 봐, 편백나무향기를 쉴 새 없이
들이쉬고 내뱉었다

편백나무향기와
반짝거리는 햇살에
몸을 가두는 그들 속의 그녀

첫눈 오는 날
편백나무껍질처럼 떠났다

죽방렴

멸치 떼는 종신형을 받는다
대나무로 둘러싸인 감옥에
떠밀려 왔을 뿐이지
죄가 없다고 급한 성미로 팔딱거린다
미끄러지고 쓰러지면서 옥문을 열어 달라고
애원을 해도
옥문을 열어 줄 수 없다고
질책을 하며 꽉 버티고 섰다 그때,
꽁치가 날카로운 송곳니로 대나무를 물어뜯고
꼬리지느러미로 탁탁 쳐도
꼼짝하지 않는다
물살을 원망하다가
깊게 깔린 안개를 원망하다가
뛰어오를 사다리 하나를 찾았지만
뛰어 넘을 수 없는 창선대교였다
지리산 천황봉 2000m의
봉우리를 쳐다만 볼 뿐이다. 나도

홍도는 파도도 붉다

노을빛의 사랑으로
붉게 태어났다는 말과
황토색 치마저고리를 걸치고
서 있다는 말과
백일홍과 안개꽃이 만발했다는 말이
사실이다
물안개가
몽글몽글 피면서
기암괴석과 쪽빛을 둘러쌌다
파도의 칼날에 전지되고
갯바람에 감겨 홍도를 닮아가는 소나무들
해풍을 빨아먹으며
팔자걸음을 걷는다
홍도, 소나무 분재원이다
붉은 그리움이다

윤동주 생가에는

"청소당번 문익환
지각생 윤동주
떠드는 학생 송옥규"
살금살금 칠판에 낙서를 하다가
회초리 몇 대 맞았으리라

우물가에 앉을 때
우물에 띄워진 자화상
한밤중에 떠나는 귀뚜라미가 되었으리라

추억을 새기고
처마 끝에 매달린 고드름에게
그리움의 눈물을 감추라 하며 떠났으리라

가늘게 들리는 분필 가루소리가
파릇파릇한 새순에서
님의 향기로 들렸다

당그레에 꽃이 피다

물살의 움직임이다
햇빛이 떨어지기 전에 당그레를
밀고 끌어당겼다
손아귀에 물집이 생겨도
꽃을 피울 줄 모르다가
오동나무가 덩그렁 소리를 뿌리자
은빛 물방울, 당그레에 걸터앉아
꽃을 피웠다
그 꽃
끌어 담으려는
염부의 등이 물레방아처럼 둥글다
갈매기가 꽃잎을 쪼아 모으고
각을 굴릴 때
안개꽃과
조팝꽃이 당그레에 피었다

당산나무

제 나이도 모르는 그가
우두커니 서서
속이 텅텅 비어 배가 고프다 하면서도
오래전, 이야기를 풀어내고 싶다고 해요
오빠가 징용으로 끌려가던 날
엄마는 노란 손수건을 그에게 걸어서
노란 꽃을 활짝 피웠던 시절이 있었대요
오빠가 돌아온 날은 밥과 술로
거한 대접을 받았다고 해요
언니가 위안부로 끌려갈까봐
배총도 떨어지기 전의 어린 언니,
시집을 보냈대요
지문이 닳고 닳은 엄마의 손바닥은
저 세상에서도
피멍이 삭지 않는다고 하고
울대가 숨통을 치밀어 가슴이 터질 것 같대요
울 엄마
날 얻었다고 우쭐대면서
내 생일을 알고 있는
그의 무릎아래에
푸진 상을 차렸다지요

홍련 백련

칠월과 팔월엔 사랑을 해요. 뜨겁게
햇살이 쏟아지는 구렁지에서
산전수전 겪으면서
꽃 대궁을 따라
홍련 백련으로 환생을 하지요

갈대피리를 청개구리가 불고
은빛 물방울을 구르는 물잠자리와
옥잠화 가시연 물이끼의 틈새에서
한여름 내내 뜨겁게 피었다가
귀뚜라미가 우는 저녁이 오면
구렁지의 품속으로 되돌아가지요

제발, 그때까지만
푸른 이 목을 비틀거나
꺾지 말아주세요

미더덕

4월은
바다가 비뇨기과 문을 연다
바람은 포경수술을 하는 메스이고
물살에 매달린 씨앗은
열세 살 소년의 물오른 고추 같기도 하고
약이 꽉 오른 풋고추 같기도 하다
뼈가 없는 그것에 청진기를 들이대자
긴장이 되는지 탱탱해진다
수술대에 누운 그것의 끝에
마취주사바늘을 찌르자
퍼덕거리지도 못하고 깊은 잠에 빠질 때
뾰족한 칼바람으로 추임새를 먹인다
그것은 금세, 송이버섯의 모양으로 변한다
투명 속에서
끙끙 앓는 그것
황금색 오줌을 눈물처럼 쏟아내고 축 처진다
그것의
짙은 향기
라일락 꽃잎처럼 흩날린다

붕어빵

모퉁이의 자판에는 붕어가
꼬리를 치고 있다
먼 눈 팔다가 잡혀 온 붕어
산달처럼 배가 불룩하다
붉은 흙을 내장에 가득 채운 것도 있고
누른 버터를 채워 복부비만인 것도 있다
옆구리가 터진 것은
모로 누웠다
겨울비가 쏟아지고
눈이 펑펑 쏟아지는 날
붕어빵을 굽는
그녀의 귀에 들리는 소리는 없지만
미소가 환하다

앙칼지게 뜯기다

독수리와 하이에나가 사체를 뜯었다
뼈 속의 연골과
뼈와 뼈 사이의 살점까지도 뜯었다
발톱으로 누르고 부리로
살점을 쪽쪽 찢으며 앙칼지게
뜯고, 씹었다
"새만금 간척지"의 덫에
갈매기도 걸렸다

광장

구름떼처럼 모인 사람들의
크기가 다르듯
옷의 모양과 색깔이 다르다
마치 단풍잎처럼
사람들이 광장에서 줄다리기를 할 때
회오리바람이 둥글게 말린다
우레가 터질세라 고함을 지르면서
지상을 공격하면
붉은 황소의 한판 싸움질 같은 먹구름이 지나간다
뭉게구름으로 빚은 구름 빵
눈꽃송이가 되어
금방 떨어질 것 같지만
벚꽃이 몽글몽글 피어오르는 봄이다
목련꽃이 피고
살구꽃이 피는
광장에는 철새와 꽃구름이
헤쳐모여 놀이를 한다

토지를 사랑했기에
- 박경리 선생의 묘소를 참배하면서

몇 평의 땅속에 영혼으로 초대되어
소소한 이야기들을 풀어 놓으시면
깊고도 넓은 땅이
흔들리면서 갈라지겠지요

사랑과 애환의 하동 평사리가
토지의 행간에서
꽃을 피워냈듯이

흙이 기억하겠습니다

제 4 부

스카이라운지, 한라산

등 뒤에서 밀어주는 바람과
무지개를 꿈꾸는 시간을 따라 계곡의
노끈을 잡으며
스카이라운지에 올랐다
안개가 자욱하고
비바람이 휘몰아치지만
스카이라운지는
막 걸러낸 커피 향기로 충만하다
화산석과 내 각막이
오래된 전설에 대해 말을 했다
수피조차 바람에 떠나보낸 고사목은
무늬만 남았고
손가락을 쉼표처럼 오그리는 바위손이 손가락사래를
쳤다
바다 속으로 돌아갈 수도 있다고
먼 훗날의 말을 했다
영산홍 꽃가지는
풍경의 비애를 지켜주려고
먼 바닷바람에 일렁이곤 했다

수로왕을 위한 모노드라마

소나무껍데기용마루가 긴 잠에서 깨어났습니다
숙성이 잘 된 모습입니다
태풍으로 기둥하나를 잃은 듯 지쳐 보이고
구겨진 서까래에 이끼가 파릇파릇합니다

춘란春蘭이 혀를 내밀며 포구를 내려다보고요
목화 꽃은 뭉게구름처럼 피어있습니다

누에고치가 풀어낸 명주옷이
안개처럼 흐릿하지만
오래전, 풍경이 분주합니다

불꽃을 피우는 대장장이는
허공에서 녹슨 철을 담금질하고요
뱃고동소리에 지친 소라게와 조개 치어들이
포구를 채웁니다

칼바람을 타고 황급히
돌아온 물오리
깃발을 들고 궁정을 순찰합니다

은빛물결이 붉어 보이는 오후

왕과 왕후는
나팔꽃을 쓰고
해안가로 잠시 나들이를 합니다

바다거북이

구덩이가 자궁의 깊이만큼 깊어진다

모래 사이로 새어나오는 아픔을
달랑게가 듣지 못하도록
이빨을 앙다문다

몸을 떨면서 밖으로 나오다가
눈물을 찔끔찔끔 흘리며
먼 바다를 멍하니 쳐다본다. 심연이다

알이 터지면서
둥글게 고인 양수에서
모래를 안개처럼 뒤집어쓰고 나오는 새끼거북
물총새에게 들키기 전에
바다를 엄마라 부르며 뛰어든다

거친 바다에서
홍매화 꽃잎처럼 떠다닌다

장단을 풀다

몇척, 나룻배사이의 방죽에서
북 장단에 소리를 맞추는
천년 학 한 쌍이 날갯짓하며
구성지게 부르는 사랑가에 발걸음 멈칫 멈춘 나는,
목이 터져라 따라 불러도 나무젓가락
장단에 맞추어질 뿐이다

주막집 마루에 걸터앉아
주객酒客이 된 나는
낙조가 펼쳐놓는 붉은 치마폭에서
부질없이 파도처럼 울었다

아- 아득히 저물어가는

저 물빛 소리에
장단이 풀려나간다

고등어를 그리다

은백색과 청색 물빛이
옆구리를 도마에 대고 파닥거린다
타닥타닥 치는 꼬리,

도마가 바다이다

시력이 약시인 화가가 물감으로 가두었다

붓대가 화첩의 페이지를 넘긴다

k-pop처럼

생애 처음, 흙을 음미하고
꽃향기를 맡으며 나비들과 노는 펭귄이
얼음필드에서의
풍경을 몸짓으로 보여주지만
즐거워 보이지 않는다

흰 공터에서
개와 고양이 까치들과 어울리며
웃음과 손뼉을 받아먹으면서
밍크고래와 거북이들과 놀았던 시절을 추억한다

남극의 하늘에서
한 움큼 담아 온 별빛을 펼쳐 보인다
빙산이 무너지고 얼음필드가 녹아버리면
실종될 펭귄들

뽀로로로 변신하여
실향민으로
k-pop처럼 누비겠지

천관산 시비공원

시집의 표지를 넘긴다

바위와 바위 사이에서
봄 여름 가을 겨울이 54페이지를 엮었다

조약돌이 물먹는 소리와
진달래가 살포시 꽃잎을 내미는 소리와
갈대가 방황하는 소리와

유별난 연인들의
사랑과 이별이
돌탑에 새겨지는 소리를

조릿대의 푸른 향기가
책갈피를 넘겼지만

시의 맛을 느끼기도 전에

오줌보가 터질 뻔했다

물레

너는 바람개비이다

빙글빙글 돌면서 바람을 낳는
바닷가에서도
산허리에서도
들판에서도
심지어 집안에서도
바람을 낳는 산모이기도 하다

할머니께서는
삼베와 목화송이 누에의
실핏줄을 뽑아
앙상한 무릎의 뼈마디에 비벼
물레에 돌려 실을 뽑았다. 가느린 실로
저고리 앞섶에
뒷산 산등성이를 수놓았다

너는 바람개비이고
할머니는 물레였고
나는 구경꾼이었다

마침표

중앙병원 중환자실에는
마침표에 찍힐 사람들이 산다

덕장에 걸린 시래기처럼 산소마스크에 걸려있고
동공이 고정되어
뿌연 안개로 비칠 뿐이다

숨소리가 가늘다

오싹하다

절반은 이미 먼 나라에 줄을 잇고 있다
고요가 짓누른다

항문에 마침표가 찍혔다

흰 국화꽃이 떠났다
마침표를 찍고, 기어이

벌목

스무 살 적의
머리카락은 밀림이었다
간벌을 했다 이젠
그 머리카락, 가발이 되어 다시
밀림이 되었다

돌 마루

새들이 놀았는지
발자국이 여기저기 찍혀있다
동백꽃과 해당화의 꽃밭이었는지
꽃잎이 여기저기 흩어져있다
빗금이 박혀있다

“점박이 가족과” 티라노사우루스의
가족이 돌아오고 있다고 한다
산호초를 따먹으면서 오는지
상수리열매를 따먹으면서 오는지
팔천 년 전이 돌아온다고 한다
백악기가 가까이 오고 있다

모였다 떠나고
떠났다가 모이는
돌 마루에
꽃샘바람도
잠시, 쉬었다가 갈 뿐이다

패총 전시관

수 천 년 전에 잠가 두었던
타임캡슐을 열었더니
해녀가 홍합과 조개를 까고 있었다
굽다리접시와 납작바닥항아리 빗살무늬토기를
이마에 무명 띠를 두른 도공이
삼 잎을 돌돌 말아 연기를 날리면서 흙을 빚고 있었다
수수와 조 벼를 수확하는 농부도
좁쌀 막걸리를 마셨는지 술 냄새가 코를 찔렀다
소라에게 월세를 들었던
소라게도 집을 비운지 오래인지
구멍에 바람소리가 웅성거린다
물안개를 안고 노는 저 바다
돌망치에 찧어진 전복껍데기
무지갯빛을 흘리고 있었고
폐선의 닻이 오동나무였는지 애간장을 태우는
음률이 새어나왔다
조개무지의 모퉁이에서 갈매기는
공백을 쪼아대고 있었다
수 천 년 전에 피었을
해당화 꽃잎
곤한 잠에 빠져있었다

구절초

야생마의 등에
구절초가 피었다
발가락 사이사이에도 피었고 발등에도 피었다
콧구멍에는 향기로 피었고
귓구멍에서는 산들거리는 소리로 피었다
입술에 핀 꽃
혓바닥에서는 달콤하게 피었다
꼬리에 매달리며 하얗게 피었다
구월의 끝자락에서 핀 꽃
시월에 떨어졌다
콩깍지가 눈에 걸렸다
발부리에 걷어차이면서도
구절초는 야생마를 사랑했다

두만강 뗏목

수양버들도 거기에 서 있고

강아지풀도 그 자리에 있고

민들레도 그 자리에 있는데

이쪽과 저쪽은 말이 없네

푸른 물과
황토물이 몸을 섞는데

"두만강 푸른 물은"의
노래를 부르지 못하는 뗏목

언제쯤이나
그리움 풀어낼까

지심도의 3월

저녁연기를 따라 동백섬에 들렀다
댓잎 비비는 소리와
쌀쌀맞은 꽃샘바람에
지심도, 입술을 살짝 열고 있었다
동백꽃은
뭍에서 혼혈 꽃을 보았는지
기가 죽어
토종이라고 우기며
작은 꽃잎이나마 피워 올리려고 안간힘을 쓴다
키 작은 나도 황색피부를 들이대며
토종이라고 우겼다
꽃잎들이 출렁이는
지심도에서
동백꽃과
나는 원시인이다
외래종, 황사가 내리고 있다

지하철

두더지가
발톱으로 땅을 파고
입으로 철로를 놓는다
촘촘한 가시, 바퀴를 덜컹거리게 한다

매복을 하다

저기 나무 끝에 걸려있는 낮달을 보라
저기 나무 끝에 달려있는 큰 박 덩어리를 보라
저것들은 줄기와 잎도 없이
나뭇가지 끝에 달려있구나
장대로 툭툭 치는데
씨앗들이 후드득 떨어졌다
꿈틀거렸다
둥지 속에 든 말벌이
새끼를 치고 살림을 냈다
산머루넝쿨을 칭칭 감고 단풍잎을 덮어쓰고
땅바닥에 바짝 엎드려
매복을 했다
비겁한 도둑이었다

동백우체통

선착장 옆 모퉁이에 동백우체통이
천덕꾸러기로 서 있다
부서지는 파도를 부둥켜안고
섬사람들의
연서가 가득 찼던 시절에 빠져 멍하다
바지락은 연애편지를 뻘구멍에
숨겼다고 하고
갈매기는 연애편지 한 통 받지 못해
빛바랜 생애를 쪼아댄다고 했다
갯물이 토해 낸
멍게 꽃 한 송이를
바다가 우편으로 보내지 않고
진작 택배로 보냈다고 해서

파도 속에 핀 벚꽃

벚꽃이 흐드러지게 피었다
뿌리가 있는지 없는지
가지가 있는지 없는지
마디가 있는지 없는지
꽃잎이 흔들리는지 흔들리지 않는지
열매를 맺는지 맺지 못하는지 분간을 할 수가 없다
꽃잎을 어루만져주는
파도만 알고 있을 뿐이다
아니, 달도 알고 있을 게다
밀물과 썰물이 교차할 때
입술을 짝 벌리면서
혀를 쭉 내밀며 날름거리기 때문이다

긴 밧줄에 핀
하얀 꽃들이
벚꽃터널을 만들었다

장복산, 벚꽃터널처럼

동거중이다

용수철처럼 늘어났다 줄었다 한다
모기가 날아다니다가 용수철에 걸리자
내장의 물을 빨아먹고
빈껍데기
돌돌 말아 걸어둔다
사랑이 끝난 암놈
수놈의 진액을 빨아먹고
빈껍데기는
납골당에 가두어둔다
냉혹하고 참혹하다
나는 거미와
모서리를 파괴하는 날카로운
불빛이 없는
하얀 빌리지에서 동거중이다

연평도 2010 11월 23일 pm2시30분

불꽃이 마구잡이로 튀고 있다
깜짝 놀란 섬이 어리둥절하다
바다도 놀라고
물고기들도 놀라고
놀란 꽃게, 수면 위로 올라오지를 못해서
붉은 거품을 토악질했다
고양이와 멍멍이도 놀라서
지하구멍에 숨어서 와들와들 떨었다
산도 떨고 암반도 떨고
강아지풀도 바들바들 떨었고
거센 파도도 떨면서 멈췄다
담쟁이넝쿨도 돌담에서 손을 놓았다
연평도의 오후시간은
붉었다 검었다
암흑이 되었다
뜨겁다고, 자꾸자꾸 울먹이는 연평도
사시나무처럼 떨고 있다
나도 바들바들 떨었다

대상의 새로운 탐구를 위한 길잡이

– 시집 『당그레에 꽃이 피다』를 읽고

유 병 근(시인)

시인 안미자는 여느 사람이 흘려버리기 쉬운 일상생활의 사소한 것까지를 미세하게 포착하는 예민한 촉각을 지니고 있다. 그런 노력에 의하여 안미자 시인의 시적세계는 원근법을 두루 섭렵하는 폭넓은 세계를 뚜렷이 내포한다.

이런 시각에 의한 사물 엿보기와 사물 엿듣기는 시의 운신을 보다 깊이 있고 함축적인 측면으로 이끌어 간다. 이 노력은 시의 영토와 운신을 보다 깊이 있고 다양하게 유도하는 저력을 갖는다. 시집 『당그레에 꽃이 피다』에 드러난 시의 세계는 그 상상력과 관조의 안목을 확장하는 시적구조를 확연하게 보여준다.

시에의 길은 험난하다. 새로운 길에 서 있어야 하고 그 새로운 길을 부단하게 갈고 닦아야 하기 때문이다.

안이한 정신으로는 배겨낼 수 없는 것이 시에의 길이다. 되짚어 볼 수 없고 되돌아 설 수 없는 때로는 막연한 길이기도 하다. 하기에 시인은 부단한 노력으로 시의 신천지를 개척하며 그 신천지에 그만의 시의 푯대를 세워야 하는 욕구에 찬다. 하기에 시인은 동서남북이 애매한 광막한 사막을 모래바람에 부대끼며 꾸준히 시의 영토 확장을 목표삼아 걸어야 하는 노마드이다. 그 길에 시인으로서의 긍지와 보람이 있다.

안여한 생각만으로 시에 접근할 경우 시는 그도 모르는 사이에 시든다. 시인은 시를 구제하고 시의 길을 보다 반짝이게 닦는 보람으로 사는 어쩌면 시 지상주의자다.

그러한 풍토에서 이룩한 안미자 시인이 갖는 시적행보의 결과물인 『당그레에 꽃이 피다』를 찾아 그 향기를 음미하려는 의도 또한 의미 있는 일이라고 하겠다.

아침마다 마디를 챙기러 간다
호박도 마디에 열렸고
오이도 마디에 열렸고
가지와 수박도 마디에 열렸다
고구마는 땅속에서 마디에 뿌리를 내렸고
구름은 하늘의 마디에 걸렸다가
비와 눈 이슬이 되어 지상에 내려온다
산소는 공중의 마디에 떴다가

누구든지 아니 모든 것들에게 후후 불어준다
나는 요즘
나의 마디인 이모를 잃어가고 있다
이모는 산소를 마시기가 무척 힘겨워 한다
이모는 내 양쪽 어깨의 마디만 될 뿐이 아니고
팔꿈치 마디이기도 하다
텃밭에서 마디에 열린 열매를 따려하자
내 마디인 이모가 떨어질 것 같아
그냥 그대로 두었다

-「마디」 전문.

마디는 서로의 연결점이다. 그 마디에 호박이 열리고 오이며 가지, 수박이 열린다. 이는 식물이 자라면서 다음 단계로 이어지기 전에 마디를 구성한다. 그 마디에 삶의 증거인 호박이며 오이를 매단다.

지상으로 나타난 것만이 마디를 구성하는 것은 아니다. '고구마는 땅속에서 마디에 뿌리를 내린다.' 보이는 것만이 아닌 보이지 않는 지하에서도 식물은 그가 할 일을 충실히 다한다. 뿐만 아니다. 하늘의 구름 또한 마디에 걸려 비와 눈을 뿌린다. 그런 지상, 지하 그리고 하늘의 마디조화를 보는 시인의 시각은 '산소를 마시기가 무척 힘든' 이모에게로 시선이 간다. 이모는 와병중이다. 그 '이모는 내 양쪽 어깨의 마디만 될 뿐이 아니고/ 팔꿈치 마디이기도'한 이모이다. 하기에 '텃밭에서 마디에 열린 열매를 따려하자/ 내 마디인 이모가 떨어질 것 같아/ 그냥 그대로' 두는 심경에 처한다. 이모를 잃을 수 없는 절실한 생각이다.

인간사회는 이런저런 마디에 얽혀 더욱 튼튼하고 아름답게 존재한다. 나는 너의 마디이고 너는 나의 마디이다. 무슨 단체라는 마디는 또 다른 단체를 위한 마디이다. 마디는 사회를 구성하고 나라를 구성하고 세계를 구성한다. 시인의 경우 한 편의 시는 다음 시를 위한 마디이다.

구린내를 품어내는
어머니의 시간이
얼마 남지 않은 것 같아
노심초사 중이다
아주 깊은 곳에서 흘러내리는
어머니의 마지막 구린내를
은행나무 뿌리에 묻어두기로 했다
가을이면
어머니가 은행나무에 달릴 것 같다
오랫동안
어머니의 구린내
그리움이다

–「은행나무」 전문.

은행나무에서 어머니의 체취 '구린내'를 연상하는 시

인의 감각은 구린내조차도 그리움이 된 어머니를 애틋한 정이 깔려 있다. '아주 깊은 곳에서 흘러내리는/ 어머니의 마지막 구린내를/ 은행나무 뿌리에 묻어두기로' 한 시인의 깊은 정서는 사뭇 눈물겹기도 하다.

어머니를 그리는 시인은 모성특유의 본능을 드러낸다.

미역 숲 속에서
쉼 없이 미역을 따먹은 고래와 나는
젖가슴이 탱탱하고
자궁이 수축되었다
배 속에 미역을 가득 채우고
산더미 같은 파도를 타고 돌아오자
바닷물에 모유가 뭉게구름처럼 떠다니고
오로도 멈췄다

–「바다에도 산실이 있다」 부분.

시는 움직인다. 고정된 시는 갇힌 물처럼 부패한다. 하기에 시인은 어제보다는 오늘, 오늘보다는 내일에로 지향하는 시적긴장을 아끼지 않는다. '고래와 내가 산후조리중'인 시인은 '심호흡을 해가면 거친 파도를 타고' 생의 험난한 물결을 탄다. 그 결과 얻는 것은 '바닷물에 모유가 뭉게구름처럼 떠다니는' 느긋함을 비로소 맛보게 된다.

완행열차를 타고
유년시절을 찾아 떠나던 날
벚꽃이 출렁이고 매화꽃이 출렁이고
아지랑이가 아롱거렸다
낙동강 강물에 떠 있는 돛단배를
원동역이 저으며 가고 있었다
강물의 심장박동소리를 물안개가 퍼 올리고 있는데
물새는 잠깐 외출중인 듯했다
은행나무와 이팝나무가 어우러지고
담쟁이 넝쿨사이에 떨어진 감꽃이 방그레 웃으며 반겼다
강아지풀과 구절초 질경이도 정겨웠다
커피의 맛에 길들어진 나는 들릴 듯 말 듯한
기적소리에서 추억을 통째로 끄집어내어
열차의 창문에 비췄다 어느새,
간이역이 덜컹거리면서
다가올 이정표를 향해
파노라마처럼 돌아가고 있었다

-「원동역을 지나면서」 전문.

원동역은 경부선의 물금역과 삼랑진역 사이에 있는 한가한 역이다. 완행열차나 어쩌다 추억을 돌이키듯 서는 역이다. 그곳을 찾은 화자는 벚꽃이 피고 매화꽃이 출렁이는 것을 본다. 뿐만 아니다. '낙동강 강물에 떠 있는 돛단배를/ 원동역이 저으며 가고 있는' 역설적인 풍경도 본다. '은행나무와 이팝나무가 어우러진' 풍경도 원동역을 찾아 나선 감흥에 값한다.

시인은 보는 자라고 했다. 그런 점 시인은 시인視人이다. '간이역이 덜컹거리면서/ 다가올 이정표를 향해/ 파노라마처럼 돌아가고 있는' 풍경을 본다.

반듯하게 누운 그가
호박꽃 같은 나를 쳐다보더니
안개 자욱한 조개무지에 가자고 했다
쓰레기 더미의 가마에서 불꽃이 활활 피었고
갯벌을 통째로 머금은 조개, 껍데기로 토해내고 있었다
멧돼지와 사슴들은 뼈만 남겨두고 떠났고
개나리는 휘적휘적 늘어지며 피고 있었다
폭풍우로 도로가 침수되었고
둥글게 말리는 낙엽
고상지붕의 고드름은 숨을 몰아쉬고 있었다
해와 달의 교차시간은 여전했다

－「가야기행」 부분.

가야유적지에서 가야를 보는 시각이 참신하다. '멧돼지와 사슴들은 뼈만 남겨두고 떠난' 자리에서 '나를 쳐다보는' '반듯하게 누운 그'를 보는 화자는 스스로 '호박꽃 같은 나'라고 이름 짓는다. 한때는 바다였던 흔적이 남은 '갯벌을 통째로 머금은 조개, 껍데기로 토해내는' 고분지에서 옛날을 돌아보는 시인의 눈은 '휘적휘적 늘어지며 피는' 개나리에나 시선을 돌린다. 사라진 옛날과 남아서 피고 있는 개나리는 옛날과 현재가 한 자리하고 있는 시간의 흔적을 본다.

그 흔적은 「스카이라운지, 한라산」에서도 나타난다. '오래전, 전설에 대해 말을 했다/ 수피조차 바람에 떠나보낸 고사목은/ 무늬만 남았고/ 손가락을 쉼표처럼 오그리는 바위손이 손가락 사래를 쳤다/ 바다 속으로 돌아갈 수도 있다고/ 먼 훗날의 말을 했다/ 영산홍 꽃가지는/ 풍경의 비애를 지켜주려고/ 먼 바닷바람에 일렁이곤 했다'는 제주 기행시 또한 '가야기행'과 그 맥락을 함께 한다고 보겠다.

시점을 고정시키지 아니하고 하나의 대상에서 다른 대상으로 옮겨가는 시적노력은 안미자 시인의 치열한 시정신이라고 하겠다. 그 정신의 결과물은 '가야'에서 '한라산'으로의 시점이동이라는 노력을 아끼지 않는다. "상상이 움직이기 시작하면 만 갈래의 가능성을 다투어 나타낸다. 작가는 허구 속에 구상의 표준이 드러나고, 눈에 보이지 않는 속에서 창작은 이루어져 간다"고 당나라의 평론가 유협은 『문심조용』에서 말한다.

홈쇼핑에 클릭을 한다
레시피가 뜬다
양식과 중식 일식, 베트남의 쌀국수도 인기가 있지만
김치와 나물 생선 과일에 클릭을 한다

스테이크에 클릭을 하고
청국장에도 클릭을 한다
야자나무 그늘에서
알레스카에서 잡아온 연어를 굽고
커피 향을 맡으면서
아마존의 악어를 잡는다
히말라야의 최고봉에 떠다니는 구름을 만져보고
증권회사에 잠입해서 주식거래도 한다
달나라에 메일을 보낸다
노트북카페에 모여앉아 스테이크에 칼질을 한다
거푸 종알거리는 스마트폰
지구를 헤집는다
지구본, 하나 식탁에 앉아본다

– 「식탁」 전문.

경쾌한 리듬과 수다를 연상케 한다. 시는 상상력의 길이라고 했다. 상상력이 움직이면 그 힘으로 알레스카에 닿고 히말라야 최고봉 또한 단숨에 정복한다. '증권회사에 잠입하여 주식거래도 한다/ 달나라에 메일을 보낸다' 그리고 '노트북카페에 앉아 스테이크에 칼질을 한다'. '지구본 하나 식탁에 앉아' 보는 환상여행을 즐긴다. 「식탁」은 상상 속의 세계를 부지런히 오가는 맛의 기행이기도 하다.

비록 환상 속의 여행이지만 시인의 풍부한 상상력이 빚는 시적효과를 음미하는 동안 더불어 맛을 따라 세계의 이곳저곳을 두루 섭렵하는 흥취에 싸인다. 그러나 삶에는 희열만이 있는 것은 아니다. 때로는 아픔을 겪고 그 아픔을 이겨내는 회복의 기미를 보기도 한다.

철사로 다리를 칭칭 감은
분재가 많다
팔은 오른쪽과 왼쪽으로 휘어 감겼다
손목은 위로 올려 감겼고
손가락은 가느다란 철사로 휘어 감겼다
발가락은 정면으로 감겼고
발목의 아킬레스는 탄탄하게 감겼다
굵은 철사로 목을 고정시켰고
하지정맥류는 수술을 받았다
둥글게 굽은 등에
링거를 매달았다
나뭇가지에 돋는 잎사귀
햇빛 쪽으로 모여
반짝거린다

－「정형외과 병동」

철사로 휘어감아 나무의 틀을 변환/ 고정시키려는 분재원에서 시인은 정형외과 병동을 떠올린다. 팔이 어긋나고 손목이 비뚤어진 나무, 가지를 휘어잡고 새 형태로 변질시켜야 하는 나무, 손가락 발가락을 다시 고정시켜야 하는 나무 등 분재원은 말 그대로 이리 비틀리고 저리 비틀리는 환골탈퇴의 시술 작업으로 분주하다. 그것을 포착하는 시인의 눈은 인식의 재구성이라는 힘에 끌린다.

붕대를 풀었다
고물상에 버려진
악기처럼 소리가 나지 않았다
발효가 되어 꾸덕꾸덕하다
아랫도리의 냄새를 맡고
오장육부의 간을 보고 얼굴의 표정을 살펴보고
뼈의 소리를 감지했다
붕대의 연대기를 두고
발굴자들은 의견이 분분하다
부분 부분에 필름을 파노라마로 돌렸지만
끝내 흙은 입을 열지 못했다
돌멩이에 덕지덕지 붙은 검버섯도 입을 열지 않았다
누구인지 알 수 없는 사실에
붕대를 다시 감았다
깊이 묻었다, 타임캡슐처럼

-「붕대」 전문.

나무의 형태교정이 끝나면 정원사는 묶었던 철사를 풀어준다. 깁스를 풀어주어 보다 자유롭게 행동하게 한다. 나무는 정원사의 의지대로 새 형태를 갖는 나무가 된다. 안미자 시인의 시는 안미자 시인이 바라는 「붕대

」가 되어 새로운 면모를 드러낸다. 그러나 뜸이 들지 않는 「붕대」는 다시 서랍 속으로 들어가 뜸이 들기를 기다린다. 이 또한 나름의 시작행위이다. '끝내 입을 열지 못하는' 것은 '타임캡슐처럼' 다시 땅에 묻어 뜸이 들기를 기다린다. 시작메모나 다름없는 시에서 시인의 철저한 시 정신을 읽을 수 있는 일 또한 반가운 일이다.

이슬방울 하나를 집어 들었다, 그 이슬
수놈이었으면 좋겠다

－「다랭이마을」 부분.

모든 사물에는 암수가 있기 마련이다. 그런 점 '이슬방울' 하나에서도 '수놈이었으면 좋겠다'고 하는 시인의 조용한 갈망은 어떤 역동성을 의미한다고 보겠다. 더불어 시의 길에서 반짝이는 눈부심의 이미지를 희구하려는 시인의 깊은 노력과 고뇌가 뚜렷이 보인다. 그 노력으로 시는 보다 알찬 결실을 맺고 있음을 본다. 현재종결형이 아닌 현재진행형인 시의 도상에서 안미자 시인은 성숙한 위상을 지탱하는 꾸준한 노력의 결과를 보여준다. 그 면모를 『당그레에 꽃이 피다』가 착실하게 말하고 있다. 기쁜 일이다.

당그레에 꽃이 피다

인쇄 2012년 3월 22일
발행 2012년 3월 30일

지은이 / 안　미　자
펴낸이 / 김　창　석
펴낸곳 / 홍익출판사

주소 / 대구시 중구 삼덕3가 245-2
전화 / 053) 421-6700, 427-3627
팩스 / 053) 423-5965
등록번호 / 1987년 11월 26일 제1-107호
E-mail / hongick88@hanmail.net

정가 8,000원

ISBN 978-89-7826-235-4　03800